옛날이여

정경삼 시집

청옥

시인의 말

살아가면서

꿈을 좇아
많은 생각들을 하지요

앞을 보고 걸으면서도
잠시 잠깐 쉬면서도

참 많은 생각들을 하게 됩니다

나쁜 생각은
미안해서 못 쓰고

좋은 것만
나열해 보았습니다

머리에서 가슴까지
새긴 발자국이
어느새 열 발자국

이 시집을 이쁘게 꾸며주신
청옥 문학사 최경식 회장님께 감사드립니다.

차 례

제1부 세월이 지나

세월이 지나 ······ 12
양심 진리를 찾아 ······ 13
사랑과 그리움 ······ 14
부처님 같이 ······ 15
한 세상 ······ 16
사랑은 ······ 17
장미의 계절 ······ 18
사랑은 ······ 19
6월에는 ······ 20
6월 ······ 22
6월 ······ 23
꿈을 쫓아 ······ 24
빈자리 ······ 25
인생은 즐겁게 ······ 26
언제나 늘 ······ 27
꽃피는 봄에는 ······ 28
사랑하자 ······ 29
비 오고 할 일 없을 때 ······ 30
사랑만 하자 ······ 31
그대에게 ······ 32

제2부 그대에게

그대에게 …… 34
사랑 …… 35
임에게 …… 36
간만에 …… 37
잎 나고 꽃이 피면 …… 38
후회 …… 39
밤이 깊으면 …… 40
늘그막에 더 …… 41
동행으로 시작되는 인연 …… 42
인생은 …… 43
마음 비운 행복 …… 44
삶은 진실되게 …… 45
네 마음에 …… 46
한밤의 노래 …… 47
그래요 …… 48
꽃처럼 아름답게 …… 49
삶은 지혜롭게 …… 50
눈이 내리면 …… 51
꿈이라면 …… 52
그대는 아시겠는가 …… 53
인생은 지혜롭게 …… 54

제3부 새해의 다짐

새해의 다짐 ······ 56
스쳐갈 인연 이래도 ······ 57
때늦은 사랑 ······ 58
너와 나 ······ 60
겨울 풍취 ······ 61
행복한 사람 ······ 62
봄 ······ 63
봄날 ······ 64
괜찮은 사람 ······ 65
힘든 세상 ······ 66
사랑은 ······ 67
임에게 ······ 68
새해 ······ 69
영광의 그날을 위해 ······ 70
성탄의 밤에 ······ 71
걸음도 정성껏 ······ 72
흔들리는 들꽃 ······ 73
추운 영하의 날 ······ 74
누룽이 한우 ······ 75
그녀 ······ 76

제4부 인생은 소중한 것

인생은 소중한 것 ······ 78
시골 농장 ······ 79
이것도 인생 ······ 80
겨울 농장 ······ 81
깊은 밤에 ······ 82
인생 ······ 83
가을 비 ······ 84
사랑이 그리워지는 계절 ······ 85
동창회 ······ 86
날씨는 갈수록 추워지고 ······ 87
뛰고 뛰면서 ······ 88
산다는 것은 ······ 89
사는 길 ······ 90
그리워 ······ 91
가을이 주는 의미 ······ 92
미련 후회 없이 ······ 93
가을이 끝나는 풍경 ······ 94
꽃피는 행복은 ······ 95
사랑은 아름다운 것 ······ 96

제5부 미안해

미안해 ···························· 98
괜찮은 세상 ···························· 99
쓸쓸한 계절 ···························· 100
허기 진 마음 ···························· 101
가을 ···························· 102
가을의 풍취 ···························· 103
단풍 ···························· 104
풍경 ···························· 105
내일을 위해 ···························· 106
인생은 즐겁게 ···························· 107
별이 빛나는 밤에 ···························· 108
가을에는 ···························· 109
인생 여정 ···························· 110
내 인생 가을에 쓰는 편지 ···························· 111
살면서 ···························· 112
여름 ···························· 113
옛날이여 ···························· 114
손에 손 ···························· 115
더 열심히 살자 ···························· 116
가을 풍경 ···························· 117
여유가 주는 행복 ···························· 118

제6부 인생은 즐겁게

인생은 즐겁게 …… 120
너무나 더운 여름 …… 121
사는 삶은 …… 122
아버님 어머님 …… 123
날마다 즐겁게 …… 124
삶의 질은 관계 속에 …… 125
연꽃처럼 …… 126
오늘 …… 127
임에게 …… 128
삶의 노래 …… 129
사랑의 시 …… 130
자네를 만나면서 부터 …… 131
고독 너 때문에 행복해 …… 132
펜을 잡은 이유 …… 133
사랑은 먼 곳에 …… 134
별이 빛나는 밤에 …… 135
둘만의 일 …… 136
눈이 내리는 날에는 …… 137
꽃 중의 꽃 …… 138

해설 …… 139

제1부
세월이 지나

세월이 지나

보고 싶은 사람
그리운 사람도 없이 살면
얼마나 좋을까

자네라는 사람을 잊고
마음 편하게 살 수 있으면
얼마나 좋겠니

하지만
자네를 잊을 수 없어
마음 아프고

생각나는
그리움 때문에
마음 아파한단다

마음 비울 수 없어 한없이 고달프고
깨끗이 닦아 낼 수 없어
마음 아프단다

양심 진리를 찾아

무심코 던진 말 한마디가
어느 누군가의 가슴에
뿌리를 내렸을 것을 생각하면
가슴이 찌잉합니다

상처 입는 일 없이
복되게 풍요로운 생활로
이어졌으면 얼마나 좋을까
빌고 또 빌어 봅니다

양심을 가진
자비의 마음으로
가슴을 활짝 열어 두세요
고뇌하는 영혼 쉬어 갈 수 있도록

사랑과 그리움

사랑은
그대 마음속에서
놀고

그리움은
그대 가슴속에서
마음 문 열리기를
기다리는 것

포기되지 않는 그대는
어쩔 수 없는 내 사랑
그리움입니다.

부처님 같이

살면서 세상만사 그때그때
그 상황을 어떻게 맞이하느냐에 따라
길흉화복이 결정되는 것

행복과 불행이라는 것은
결정되어 있는 것이 아니라
마음을 어디에 두느냐에 딸린 것

부처님같이
미소 띤 그 얼굴로
나에게 주어진 그 길 그 몫을
지혜롭게 웃으면서 헤쳐 가리라.

한 세상

인생살이
있는 그대로 그냥 그렇게
살면 되는 것을

욕심이란 것이
너를 나를
병들게 하는구나

마음 비우고
미움 불안 집착에서
벗어날 때

사는 삶은
즐거움으로
행복할 텐데

사랑은

사랑은
무슨 생각을 하면서
무엇을 품느냐에 따라
삶의 질과 양이 달라지듯

닭이
오리 알을 품으면
오리 새끼가 나오듯
무엇을 품느냐가 중요하다

긍정적인 생각으로
좋은 뜻을 품고 살면
삶의 질은 갈수록 윤택해
행복하리라

가는 그 길에
정성을 심고 사랑을 심어
꽃 피기를 기다리는 마음이
뜻 있는 삶 행복이리라.

장미의 계절

어느새
빨간 장미가 만발
장미의 아름다움에 취해

장미의 아름다움에 흠뻑 빠져 있으면서
생각은 생각을 비집고
생각나는 것은

장미보다 더 곱고 이쁜
그대란
사람

그대 때문에
5월은 꽃구경을 하면서도
그대를 찾는가 봅니다.

사랑은

아름다운 꽃길
향기에
취해

분수도 잊은 채
어느 누구에게
빠져드는 마음

아름다운 인연으로 가는
하나의 마음이고
애틋한 사랑

사랑은
오랜 기다림 끝에 맺어지는 꽃으로
언제나 연습도 없는 시작으로
먼- 훗날의 영원한 향기로 남으리라.

6월에는

6월에는
세상을 향해
두 팔 뻗고 큰 걸음으로
살아 볼랍니다

바람에는 냄새가 없어도
이 구석 저 구석 어디를
둘러보아도 꽃이 있고

꽃향기가 유혹하는
계절에 그냥 있을 수 있나요
가슴 깊은 곳에 예쁜 꽃향기
머금고 있다면

내 삶 마음껏 일구어
펼쳐 가는 게
남은 인생의 목적

새벽 공기처럼 맑은 사람
아침 햇살처럼 따뜻한
사람으로 살아요

마음에 드는 사람 손잡고
세상 이곳저곳 거닐며
바람처럼 살고 싶지 않나요

못다 한 사랑 아름다운 사연
추억으로 만들어 간직하는
아주 멋진 사람으로 살다 가요

6월에는
뜨거운 태양처럼 사랑도 뜨겁게
화끈하게 살다 가는 게

이게 사랑이고 그리움이란 것도
알게 되었습니다

고독이란 양반이
친구하자 속삭일 때면 외면하지 않고
난 나를 위해 너를 위해
시를 짓고 글을 쓸랍니다.

6월

깊은 영혼
고뇌하는 눈빛

하루 종일
당신 생각으로 마음 저리고도

또 이렇게 밤늦게까지
당신 그리움에
펜을 잡았네요

잠을 자야 하는데
잠은 올 생각을 않고
그리움만 하나둘
쌓여만 갑니다

펜을 내려놓고
눈을 감아 보지만
그것은 생각일 뿐

마음은 바람 따라
구름 위를
훨~ 훨.

6월

시작이 반이라 했는데
어느새 그 시작이 반 되어
꽁꽁 언 땅이 녹아
아까시아 핀 꽃이
향기롭기만 합니다

장미가 가시 숨기고
뽐내는 모습도 아름답고
어미 소 새끼 낳아
지 새끼 뛰노는 모습
보는 눈도 곱기만 한데

온종일 펜을 잡고
흔들리는 바람에
생각나는 그리움에
마음에 드는 시 하나 쓰지 못하고
지는 해를 봅니다.

꿈을 좇아

바람 불어
구름을 옮기듯이
너와 내가 한마음
한뜻이라면
못 할 일이 어디에 있으랴

오르막이 있으면
내리막이 있듯이
힘이 들어도
지금, 이 순간을 잘 넘기고 나면
좋은 날 행복은 우리의 몫

남은 인생
한눈파는 일 없이
우리 두 손 꼬옥 잡고
하루를 살아도 뜻깊게
정도를 걷는 너와 나이었으면 좋겠어

빈자리

공허한 내 마음의 빈자리를
메워줄 수 있는 이가 있다는 것은
참으로 행복한 일

어렵고 힘들어 외로울 때
위로가 될 수 있는 이가 있다는 것은
또 얼마나 힘이 돼
좋을까

정신없이 앞만 보고
뛰어온 인생길에
꽃보다 고운 그대를
만날 줄을 내 어찌 알겠나

아름다운 그대에게
내 마음 모두 담아
그대에게 주고 싶다

내 남은 인생길에
기쁨과 행복이 있는 곳에는
언제나 그대가 있었으면
좋겠다.

인생은 즐겁게

세상은 갈수록
어렵고 힘들게
할지라도

꿈을 잃지 않고
지혜롭게 최선을
다하며 살 일이다

하루를 살아도 즐겁게
행복이 무엇인지 느끼고
생각하면서

업으로 다가온 모든 인연
아끼고 소중히 하는 마음으로
귀히 여기면서 사르소서.

— 별이 빛나는 밤에

언제나 늘

살면서 저질러 놓은 악업
닦고 또 닦는 마음으로
참회 수양하며
복되게 살리라

나를 낳아 주신 부모님 앞에
흉허물 되지 않게
뒤돌아보며 참회하고
후회 없이 살리라.

꽃피는 봄에는

꽃피는 봄에는
고향에 가고 싶다
내 살던 고향에

꽃피는 봄에는
마음 비운 가슴에
아름다운 사연
추억을 채우고 싶다

꽃피는 봄에는
논두렁 밭두렁 밑에
주고받던 아름다운 사연
추억을 갖고 싶다

사랑하는 사람에게
이쁜 꽃을 꺾어 바치는
이쁘고 아름다운 짓도 하는
아주 멋진 사람이고 싶다.

사랑하자

소 머슴 우맨이
시인 작가가 된 것은
모든 것을 아름답게 보는
마음의 눈이 있었기 때문이다

사랑하자
사랑은 모든 것을 가능케 하는 힘이 되는 것
자식을 위해 희생하는 어머님의 사랑처럼
때 묻지 않은 순수 그대로 사랑하자

사랑하는 그 마음이
행복이고
기쁨이며
즐거움이다

비 오고 할 일 없을 때

마음 저리도록
보고 싶은 모습
싱그럽게 다가와
가슴에 머물고

마음 애달프도록
그리운 그 모습
제 마음대로 왔다 가는
바람의 뒷모습이었다

네 없는 공간에는 언제나
널 생각하는 그리움들이 구름 되어
이리저리 돌아다니며 그림을 그릴 때
난 네 생각에 취해 글을 쓴다.

사랑만 하자

보면 볼수록 좋은 것이
생각만 해도 그립다

눈 코 입 어느 것 하나
나무랄 수 없는
비 온 후의 무지개 색깔

그대여 가슴을 활짝 열어라
마음 가는 대로
우리 사랑만 하자

나쁜 것은
생각지도 않으면서
사랑만 하자.

그대에게

시도 때도 없이
생각이 나는 날
그리움이 아쉬움으로
힘들게 하여도

언제인가는 볼 수 있다는
꿈이 있었기에
그대 향한 그리움을
하얀 백지 위에 수놓아 봅니다

그대만큼
사랑스러운 사람 본 일도 없고
그대만큼 나를 힘들게
외롭게 한 이도 없었네요

시골 외진 곳에서 소를 키우면서
사람의 흔적 하나 찾을 수 없어도
그대라는 사람을 생각이라도 할 수 있어
사는 맛이 넉넉한 이 밤

고맙습니다
그대가 생각나는 이 밤에

제2부

그대에게

그대에게

소중한 사람이 있습니다
생각하는 것만으로도
가슴 뛰는 그리움

목을 껴안고
볼을 비비며
함께하고 싶은 사람이 있습니다

텅 빈 가슴에
마음 주고
사랑받으면서

아름다운 사연
추억을 만들어 가는
그렇게 소중한 사람이 있습니다

마음 문 열어 놓고
두 손 꼬옥 잡는 날
너와 나의 자리에
풀잎 배는 뜨리라.

사랑

사랑이란 두 글자 써 놓고 보니
주고 싶은 마음 받고 싶은 사랑
참 곱고 아름답다

그리움이 힘들게 해도
힘든 것만치
아름답고 소중한 것

사랑보다 더 달콤한 것도 없으리라
그래서 떠날 때 슬프고
사랑할 때 괴로운가 봅니다

사랑은
그리운 사람의 가슴에 묻혀
영혼의 뿌리를 촉촉이 적셔 가는 것

우리
고목나무에 꽃을 피워
떨리는 가슴으로 벌 나비 찾아 들기를 빌어보자.

임에게

임아
내 널 생각하며
그리워 할 때가

꽃보다 더 고운
시심 시어가
솟아오를 때란다

널 향한 이 시가
꽃구름 되어 피어오르기를
떨리는 가슴으로 빌께

네 마음창이 열릴 때까지

간만에

간만에 뜻 모아
나서 본 나들이 산행
마음 맞은 사람끼리 손잡고
하나가 되었고

서먹서먹한 것도 잠시
시간이 가면 갈수록
호기심이 어느새 정이 되어
두 마음 하나가 되었습니다

스쳐 갈 바람도
붙잡고 보니 고운 인연
마지막 그날까지 이 인연
놓치고 싶지 않았습니다

좋아하고
사랑해서
미안하고 죄송하지만
사랑합니다.

잎 나고 꽃이 피면

어느새 춘삼월
잎 나고 꽃이 피면
그대를 꽃처럼 볼 수 있을까요

찬바람 꽃샘추위가
잎 나고 꽃 피기를
더디게 합니다

보고 싶은데 꽃처럼 이쁜 당신의 모습
꽃보다 더 아름다웠는데

잎 나고 꽃이 피면 꽃 같은 그 얼굴
또 한번 더 볼 수 있을까요

일기 예보에
봄은 남쪽 어느 곳까지 왔다는데
그대는 꽃단장하고 어디까지 오셨나요

춘삼월
나는 어느새 벌 나비 되어
당신을 기다리며 떨고 있답니다.

후회

당신이 옆에 있을 때는
두근대는 가슴 때문에
함* 안아 보지도 못했습니다

좋아했지만 부끄러웠고
사랑했지만 앞서다가
깨어질까 두려웠습니다

냉담한 성격에
붙임성이 없어
사람 사귀기가 서투른 사람

당신께서 가시고 없을 때에야
뉘우치는 마음으로
후회하며 사네요.

* 함: 한 번

밤이 깊으면

밤의 고요가
고독을 안겨줄 때
빙그레 웃던 달님까지
숨어 보이지를 않는다

고독이란 것은
견딜 수 없는 그리움도
찾아들게 하고 보고 싶은 사람
보고 싶어 미치게도 한다

고독에는
외로움도
그리움도
함께하는 친구가 된다

밤이 깊으면
외로움에 떨다가
두 눈 꼬옥 감고 꿈나라에서
행복해 한다

늘그막에 더

따뜻한 봄이 오면
너와 나의 마음에
마음의 장벽을 없애고
행복만 하자

늙어 가는 육신이라도
꿈을 잃지 아니하고
마음 문 열어 놓아
풀잎 배를 띄워 보자

가슴을 활짝 열어라
나에게 주어진 몫
최선을 다하면서
사랑의 기쁨 행복을
누려 간직하리라.

동행으로 시작되는 인연

임을 임이라 부르면 얼마나 좋을까
순진한게 이쁘기는 왜 그렇게 이뻐
임 없는 이 마음을 애타게 할까

빼어난 네 용모가
내 눈을 아름답게
하고

착한 네 마음이
내 마음을 아름답게
하는구나

너를 향한 내 사랑은
천심을 향하여 흔들리는
타오르는 불꽃

전생의 업으로 시작된
거절할 수 없는
우리 사랑.

인생은

인생은 짧고 소중한 것
자기 색깔만치 아름답게
그려가는 작품이요
일구어 가는 능력이다

생각지 않고
배우지 않으면서
성공한 사람 위대한 사람이 되고자
별을 따고자 애를 쓰는 불쌍한 중생

이 세상에 공짜는 없다
어찌 땀 없이
그냥 얻으려고
애를 쓴다 말인가

삶이란 존귀한 것
일구어 가며 노력하는 자가
위대한 사람으로 존경받으며
살아야 하지 않겠는가.

마음 비운 행복

초가삼간에 살면서도
밭을 일구어 살아가는
촌부의 넉넉한 가슴으로

밤이슬에 눈을 씻고
우물물에 몸과
마음을 씻으며

탐욕에 물들지 않고
부귀영화를
꿈꾸지 않으며

나물 먹고 물을 마셔도
등 따시고 배부른 게
행복이지 않겠는가

착한 마음으로
작아도 사랑할 줄 알고
베풀 줄 아는 참 마음이
마음 비운 행복이리라.

삶은 진실되게

살면서
요행은 바라지도 않는 사람
괜찮은 사람으로 사소서

땀 흘리며
일구어 가는 삶이
얼마나 보람된 삶인가

행복, 행복하면서
탐욕으로 물들지는
않아야 할 터

현명한 자
지혜로운 자여
가슴을 활짝 열어라

눈을 뜨고 귀를 닦아
영혼의 뿌리까지 촉촉이 적셔가며
진실되게 살다가자.

네 마음에

네 마음에 내 생각
이 말 이 글이
미치지 못한다 해도

네 마음에 내 느낌
이 말 이 글이
가슴에 닿지 못하고

네 마음에 나의 진실
이 말 이 글이
느낌을 주지 못한다 해도

네 마음에 나의 마음을
전하고 싶은 나의 마음
변하지 않고 영원하리라.

한밤의 노래

때는 한밤중
잠깨 눈곱 비비고
시계를 보니 새벽 네 시

꿈속을 노닐든
그대는 어디 가고
없어도

새들 노래하는 오솔길
다람쥐 왔다 갔다
두 손 꼭 잡은 너와 나

미련 아쉬움으로
아직도 이 가슴
행복으로 두근댄다.

그래요

연제라도
생각이 나거든
카톡으로 그리움을 보내요

그리움은 외로움에서
생기는
고독

이 해 이 달이 가기 전에
아름다운 사연
추억을 만들어요

사랑은 아름답게
연분홍 애틋한
사랑

당신이란 사람과
함께하고 싶어
그래요.

꽃처럼 아름답게

봄이 오면
꽃과 향기
온 세상에 번지고

하늘과 땅
삼라만상이 하나의 우주
그 속에 섰는 나

세상은
내가 나를
꽃피우기 위해 있는 것

눈을 뜨고 귀를 닦아
한순간도 헛되이 하지 않고
진실의 소리에 귀 기울여
아름답게 여물어 가리라.

삶은 지혜롭게

옛글에
만나는 모든 사람을 스승으로 삼고
지금의 환경과 하는 일을
수행처로 삼으라 했다

큰 일이건
작은 일이건
네가 하는 일을 정성껏 하라

콩 심은 데 콩 나듯이
씨를 뿌리면 굶주린
배를 채우는 사람이 있게 되고

나무를 심으면 그 나무를 베어
집을 짓는 사람이 있고
그 나무 그 그늘에서
더위를 식히는 사람이 있으리라.

눈이 내리면

바싹 마른 낙엽 위에
펑펑 눈이 내리면
얼마나 좋을까

남쪽 땅
밀양이라는 곳에는
눈 구경하기가 참 힘들다

눈이 내리면
텅 빈 가슴에 눈덩이를 채우고
화롯불에 밤 고구마 구워 먹던
어린 동심에 빠지고 싶다

고무신 꺼꾸로 신은
그 사람의 이름을
부르고 싶다

꿈이라면

소중한 꿈이라면
놓치지 마라
꿈과 희망은
언제나 소중한 것

꿈과 희망이 없다면
인생은 메마른 사막
가슴을 활짝 열어라
눈을 크게 뜨고 귀를 닦아라

텅 빈 가슴에 깨어 있는 말씀
그리워하고 노력하다 보면
풀잎 배는 뜨리라

생각은 곧 생산이고
생산은 곧 유산이
아니던가.

그대는 아시겠는가

바쁘게 돌아가는 세상
고독이라도 하나 없으면
무슨 낙으로 살리

고독이 외롭게 한다고
배부른 소리는 하지들 마라

고독이라도 하나 있어 삶의 여유
인생은 무엇이고 외로움은 왜 오는지
함* 생각 해 볼 게 아닌가

새*가 빠지게 일을 하고도
잔소리꾼 미운 사람과
등을 맞대고 자야 하는 고통까지
안식으로 행복하다는 걸
그대는 아시겠는가

살기 바빠 행복이 무엇인지
느끼고 생각할 시간도 없는 사람에게는
고독이 외로움의 시간이 행복이라는 걸
그대는 아시겠는가.

* 함: 한 번.
* 새: 혀.

인생은 지혜롭게

한 번뿐인 인생
어렵고 힘들지라도
잔머리 굴리는 일 없이
불의와 타협하지 않는 사람
괜찮은 사람으로 살리라

건강을 챙겨야 할 시기에는
규칙적인 운동과
사랑이란 좋은 보양식으로
삶의 질을 한 차원 더 높여

얼마 안 남은 인생
하루를 살아도
나의 몫
보람되게

아끼고
사랑하며
인생은 즐겁게 행복하게
멋지게 폼나게 살리라.

제3부

새해의 다짐

새해의 다짐

힘든 세상 바보처럼 살아도
남 피해 주는 일 없이
성현의 말씀 되씹으면서
후회할 일은 생각지도 않는 사람
괜찮은 사람으로 살면서

날마다 즐겁게
행복이 무언지 피부로 느끼고
즐기면서 살리라

한 번 왔다 가는 인생
미련 후회도 없이
바람 따라 구름같이

사랑으로 나누고
배풀고 감사하면서
인생 즐겁게 살다 가리라.

* 우맨, 예순 아홉살의 마지막 밤(음 7월 6일)에

스쳐갈 인연 이래도

일렁이는 바람 속에
미세 먼지가 왠 말
옛날에는 그런 일 없었는데

차가운 바람 희색 하늘에는
답답한 한숨만 일렁이고
꿈과 희망은 보이지 않는다

살아가면서 느끼는 감흥은
한숨 한 자락 그리운 동심만 가득
논두렁 밭두렁을 거닐던 시집간 처녀

어느 하늘 밑 어느 곳에 살든
억겹의 인연이 다하는 날
두 가슴 꼭 맞추고 함 안아 볼 날 있을까.

때늦은 사랑

내 나이 어느새 칠순
나이도 잊은 채 사랑에
빠져 있습니다

남들은 웃을지 몰라도
나는 뒤늦게 행복에
젖어 있습니다

헤어져 돌아서면
보고 싶음에 마음 저리고
만나면 마냥 즐거워

사랑 하나 때문에
온 세상 다 가진 것 같이
행복합니다

생각 하나 만으로도
참을 수 없는 그리움에
글을 쓰고 시를 짓기도 하지요

쑥스러운 이 글
詩이든 고백이든
생각만으로 설레는 마음들
생각에 생각을 주어 모아 이쁘게 수놓아 보니
이렇게 괜찮은 시 한 편이 되었습니다 그려.

임아
임이든 님이든
네 생각을 써 놓고 보아도 행복한
그런 기분 그런 사랑에 빠져 있단다.
사
랑
해

너와 나

너와 나
우리 모두가
생각이 거울같이
티 없이 맑아

마음 문
닫아걸지 않고
불신의 잣대로
선을 긋지 않는

아름다운 마음
아름다운 생각으로
서로를 보듬어 안아 주듯이
두 손 꼬옥 잡고 더불어 함께는 어떠리.

겨울 풍취

온 세상 미세 먼지로 잦아들어
눈까지 어둠 침침 잘 보이지 않을 때
눈 비라도 오면 얼마나 좋을까

어떻게 눈 코 입을 막아야 하나
마스크도 있는 둥 없는 둥
혈관 속까지 찾아 든단다

소한
대한
다 젔답니다

먼 산에는
봄을 그리며
흰 눈이 내리겠지

그 눈 오기 전에
마음에 드는 이와
한번 거닐어 보고 싶은 꿀떡 같은 마음.

행복한 사람

가슴이 뛰는 동안
꿈이 있어
희망을 가지고
노력하는 사람은
행복한 사람이고

시작이 반
뛰지 않아도
한 걸음 한 걸음 정상을 향해
걸어가는 사람은
성공할 사람입니다

행복의 절정의 날은
언제나 오늘 지금 이 순간
물러나고 포기하는 일 없이
아름답게 여물어 가는 인생이
삶의 의미를 아는 아주 멋진 인생입니다.

봄

수줍게 고개 든 꽃봉오리
연분홍 설렘으로
하얀 너울 속으로 떠오르고

싱그러운 초록
수줍게 고개 내밀고
찾아들 때

봄은
가난한 농부의 마음에
잊지 않고 찾아오는가 보다

매서운 바람
꽃샘추위가
힘들게 해도

보다 큰 사랑을 위해
참고 견디는 여유를
그대가 보여 주렴

그대를 잊는 일 없이 사랑하리라.

봄날

별이 내려앉는
담벼락 밑에 앉아
오가는 사람
쳐다보며

지나온 세월을 반추하니
그래도 힘들게 살아온
그 시절이 아름답다

지나가는
바람 소리에도
울적한 마음

꽃보다
더 고운 그리움인가
깨어나는 시인의 시심인가.

괜찮은 사람

탐욕 때문에 만족을 모르고
가난하게 살아가는 것은
깨달음이 부족하기 때문일 터

마음 비우고
내려놓으면
보이는 행복

있는 그대로를 아끼고
사랑할 줄 아는 사람
괜찮은 사람으로 사소서

힘든 세상

삶이 마음대로 되지 않는다고
슬퍼하거나 포기하지도 말고
자신감을 가져라

자신감은
성공의 원동력이고
승리의 비결

뜻 있는 곳에 길이 있으니
얼굴에는 생기
눈에는 정기로

넘치는 힘 팔다리로
웃고 웃으면서
앞만 보고 갈 일이다.

사랑은

사랑은
소리 소문도 없이
살며시 찾아오기도 하지만

때로는 소나기처럼 갑자기
봄 햇살처럼 살며시 오기도 하는 것이
사랑이다

그래서
사랑은 반가운 손님이면서
언제 떠날지 모르는 바람인지도

울게도 웃게도 하는 사랑 때문에
인생은 살 만한 것이고
살고 싶은 것인지도 모른다

임에게

그리워
생각이 나면
보고 싶어 애가 타고

보고 싶어
간절히 원하다 보면
그것은 어느새 詩가 되고 글이 되는 것

그 詩 이렇게
이쁘게 수놓아 띄우는 이 심정
그대는 짐작이나 하시겠는가

새해

뜻 두고 이루지 못했는데도
삼백예순의 날 다 보내고
새 해 새날을 만나는구나

끝도 없는 영원한
이 둘레를 끊어
누가 새해 새날이라 했을까

새가 빠지도록 뛰고 뛰어
예까지 왔건만 이룬 것은 무엇이고
남은 것은 무엇이란 말인가

육신은 낡아 아파 오는데
시간은 쉼 없이 잘만 가누나

세상은 힘난히고 각박히지만
그래도 살 만한 세상

한 살 더한 만큼
아름답고 더 곱게 여물어 가리라

다짐을 하는 새해 아침에

영광의 그날을 위해

사는 삶이 별것인가
행복은 마음속에 기쁨으로
불평 불만이 없을 때
인생은 아름다운 것

사람들은 지나친
질투 욕심 때문에
쉬 늙고 병들게 됨을
왜 깨닫지 못할까

한 번 뿐인 인생
하루라도 헛되이
보낼 수는 없는 일
뜻있는 그 길은 언제나 즐겁게

계획된 그 길이 힘들게 할지라도
그 길이 꽃길이라 여기면서
보폭도 당당하게 살펴
걸어 가시옵소서.

성탄의 밤에

하얀 눈 내리는 밤에
당신을 그리면서
당신의 말씀
새겨듣게 하옵소서

당신을 기리는 기쁨에
하얀 눈 조용히 조용히
이 세상 티 없이 맑게
메리 크리스마스

사람 위에 사람 없이
우리 모두 평등하게
신뢰와 믿음으로
흠 없는 사랑 안에
디시 태어나시옵소서!

걸음도 정성껏

한 번뿐인 인생
뛰어가든 걸어가든
정성껏 할 일이다

가다가 힘들면
땀 닦고
쉬어 가고

하나하나 배우고
익히는 마음으로
관심 가지고 보고 들으면서

건강한 몸에
건강한 생각
행복한 마음으로
후회 없이 살다 가자.

흔들리는 들꽃

이름도 없이
홀로 피어 뙤약볕이나 음지에서
이슬 먹고 피었다 지는 꽃

밤이슬 받아먹고
뙤약볕에 자라는
이름 없는 들꽃

있는 그대로 꽃피워
흔들리는 바람 편에
띄우는 향기

관심 가지고
보아 주지 않아도 좋다
그만의 내공 까만 씨앗 하나
품어 남기려 함이 얼마나 아름다운가.

추운 영하의 날

추운 어느 날인가
썰렁하기만 한 이내 방에
외로움이 고독을 불러
한 잔 나눌 때

어느새 창문 밖에는
하얀 눈이 소록소록
슬프도록 아름다운 미소의
그 여인은 말없이 떠나갔습니다.

누룽이 한우

먹고 자고 먹고 싸고
노는 것도 심심하면
이리저리 뒹굴고

때 되면 고급 양식에
영양제까지 잊지 않고
챙겨주니 얼마나 행복한가

세가 빠지게 일만 하던 때가
엊그제 같은데 팔자가 바뀌어
놀고 먹는 신새로 바뀌었다

일자리 걱정 없이
끼리끼리 모여
한평생 즐겁게 놀다가니
얼마나 행복한가

세상구경 다니지 못해도
앉아 누워 걱정 없이 사는
소 팔자가 상팔자

그녀

싱그런 풀꽃향이
그윽한 그녀가
너무나도 그립다

얼굴은 보름달 같고
마음은 수정 같은
그녀

생각만 하면
너무나 그립고
너무나 보고 싶다

송도 해수욕장을 거쳐
자갈치 용두산 공원까지
거닐던 추억

이 밤도
그녀가 너무나 그리워
잠을 설쳐 뜬 눈으로 보낸다.

제4부

인생은 소중한 것

인생은 소중한 것

인생살이 힘들고 어려울지라도
참고 견디다 보면
슬픈 날은 어느새
가고 없고

꾸밈없는 그 마음
잔머리 굴리지 않고
타협 없이 행할 때
꿈꾸던 정상은
눈앞에 오게 되려니

우리 모두 열심히 살자
생각이 바뀌면 얼굴이 바뀌고
얼굴이 바뀌면 운명이
바뀐다지 않은가

웃는 그 얼굴이 자비의 모습이고
행하는 그 모습이 믿음이니
사는 삶이 얼마나
멋지고 아름다운가.

시골 농장

한밤중 사골 외진 농장에는
소들이 잠들은 축사 지붕 끝에
지나가던 달이 걸렸고

구름까지 비켜선 고적함은
무서움 없이 사무치는
외로움에 고독뿐

없어
가난해도
부족한 줄 모르고 살아간다.

이것도 인생

나쁜 머리에
많이 배운 것 없이
잡초처럼 살아도

길이 아니면 가지를 않고
부끄러운 일은 꿈도 꾸지 않으면서
행하지도 않고 살아 왔다

땀 흘리며 노력하다 보면
진실은 꿈꾸는 자의 몫
열심히 사소서

왔을 때처럼 빈손으로 가는 게
한없이 슬프고 안타까운 일이지만
지는 노을이 아름답게 웃지 않은가.

겨울 농장

시골 외딴 농장에
겨울비가 내린다

비를 피해 굶주린
산까치가 찾아 들고
까마귀 비들기가 찾아 들고
참새 잡새까지 찾아 들어
소 사료를 넘보고 훔쳐 먹는다

우맨의
속 타는 마음을 아는지 모르는지
큰 눈 더 크게 뜨고 껌벅 껌벅
내리는 비를 바라보고 있는
소들

깊은 밤에

별이 드는 창가에 앉아도
별은 보이지 않고
뿌연 먼지뿐이다

커피 한 잔에
지나온 세월을 반추하니
그래도 호롱불 밝혀 놓고
공부하던 그 시절이 그립다

큰방에는
꼬맹이 재워 놓고
바늘질하던 우리 엄마

사랑방에는
이웃 어른들과 함께
세끼 꼬던 우리 아버지

꽃보다 더 곱고
명화 보다 더 고운
사진이고 그림이 아닌가.

인생

삶은 갈수록 어렵고
힘이 드는 게 사실이다

젊어서는 겁 없이 행하면서
후회도 많았지만

그래도
그때가 좋았다

넘어지면 털고 일어서면
되었으니까

지금 바닥으로 떨어지면
복구 불가능한 응급실일 게다

그래서 가만가만
겁 많은 늙은이로 살아가는지도.

가을 비

가을에
비가 내리면
우맨 수확하고 남은
볏짚 때문에 애가 탄다

늦은 가을에
비가 내리면
비에 젖은 것은
볏짚이지만

마음도 젖고
가슴도 젖는 게
소를 키우는
우맨의 마음이다.

사랑이 그리워지는 계절

추위 속에 따뜻한 온기가
그리워지는 계절입니다

베풀고 나누는 온정이
절실하기도 하고요

마음 따뜻하게 하는 미소
마음 따뜻하게 하는 말 한 마디

행복은 오가는 마음속에
미소를 짓게 하는 것

우리 모두
따뜻한 사랑 속에
행복을 일구어 수놓아 가요.

동창회

친구라 잊지 않고
기별 주어 반갑지만
어쩌랴 발목 잡은 업
소들이 여유를 주지 않는구나

미안하지만
너거들 끼리 놀거라
이 몸 멀리서나마
잊는 일 없이 그리워하리라.

세고 화이팅

날씨는 갈수록 추워지고

뒹구는 낙엽에
하늘도 슬퍼
비를 뿌리는구나

세상은 갈수록
어둡고 음산한데
남북 화해의 조짐까지 불투명

우맨 나라 걱정 뒤로 미루고
소 먹일 볏짚 걱정은
먹고 살기 위한 몸부림

좀
조용하게 걱정 없이
행복만 하고 싶은데

비 오는 하늘 더 위에는
뜨거운 태양 더 빛날 텐데
우리들 가슴에는 먹구름만 가득.

뛰고 뛰면서

도끼를 갈아서
바늘을 만들 듯이
노력 하나로 최선을 다할 수밖에

운 없는 이에게는 땀나도록
노력하는 길밖에는
없었다

꿈이 있었기에
내일로 미루지 않고
앞만 보고 뛰었다

세월은 피부를 주름지게 하듯이
열정을 저버리는 것은 영혼을 주름지게 한다기에
뛰고 또 뛰면서 산다.

산다는 것은

산다는 것은
행복을 꿈꾸며
보다 나은 생활을
아름답게 가꾸어 가는 것

자기 자식에게
육체적인 노동을
가르치지 않는 것은
약탈, 강도 같은 것을
가르치는 것과 마찬가지

살아가며
뭔가를 배울 수 있다는 것은
인간의 축복 자신의 부족을
깨닫고 채워 나가는 과정이
인생이며 즐거움이다

산다는 것은 누군가와 함께
사랑을 만들어 가는 것으로
행복한 삶을 살고 있다는 증거
사랑처럼 허무한 것도 없겠지만
사랑처럼 위대한 것도 없으리라.

사는 길

번민하는 무리 속에서
쾌락을 좇아 배회하는
불상한 중생

지혜롭게 그 마음
말끔히 씻고
닦아

착한 생각 착한 마음으로
살다 보면
번뇌 망상에서 벗어나
미움의 장벽은
사라지고 없고

인생은 건강하게
기쁨의 날은 행복으로
웃으며 찾아 들리라

예술은 길고
세월은 빠른 게 진실
우리가 가야 할 곳이고 길이다.

그리워

그리워 생각을 하면
할수록 더 그리운 것이
사람의 마음

참자 그러면서
도리질을 해 봐도
다시 생각나는 그리움

긴 긴 밤
잠 못 이루는 밤에는
더 많이 생각이 나고

아름다운 사연
추억 하나 없어도
지나고 보면 모두가
아름다운 그리움

그리움이란 시도 때도 없이
피어났다 사라지는 게
그리움인가 봅니다 그려.

가을이 주는 의미

가을은 잊혀가는 사람에겐
그립다고 엄살을
부리고 싶은 계절이고

시인은
시 하나 띄워 놓고
댓글 한 줄이라도
받아 보고 싶은 계절이다

가을 하늘 더 높아
하늘은 푸르게
느껴지는 계절이고

붉게 물든 단풍
구경 갔다가
떨어져 뒹구는 나뭇잎 보고
쓸 쓸 해 하는 계절이다

못 잊어 그리는 정
만나면 무어라 말할 것인가
그래도 보고 싶고 그리운 게
사람이기에 갖는 마음일 게다

미련 후회 없이

아~ 생각만 해도 그리운 그때 그 시절
없어 못 먹고 말라 비틀어져도
하늘을 원망하지 않으면서
뛰놀던 그때 그 시절이 좋았다

젊음은 가고 없고
살기 바빠 아름다운 사연
추억 하나 만들지 못했건만
든 것 없이 머리는 무겁기만 합니다

살기가 어렵고 힘이 들어도
내가 나를 챙겨 건강을 다듬어 놓으면
세상은 그대와 나의 몫

적당히 벌어 쓰면서 보고 생각하는데
기쁨과 행복으로 느끼면서
인생을 즐기면서 사소서

괴로움은 집착 탐욕 아집에서 생겨나고
즐거움은 집착을 내려놓고
바른 길 정도를 걸어 갈 때
남은 삶은 아름답게 펼쳐지는 것
미련 후회 없이 사소서

가을이 끝나는 풍경

높은 하늘 더 높게 보이는 날
붉게 물든 나뭇잎
우수수 떨어지고

기다림에 지친 빈 가슴
마음 문 열어 놓고
하늘을 본다

낙엽 구르는 소리
애달파 슬픈 것은
가을이기 때문이다

높은 하늘 쳐다보고
고향을 생각하는 사람
아름다운 사연 추억을 생각하는 사람은
훌륭한 시인의 마음

가을은
나뭇잎 떨어져 뒹굴어 슬프고
늙어 병든 몸 이곳저곳 저리고
수시고 아파서 괴롭다.

꽃피는 행복은

씨앗은 흙을 만나야
싹이 트고 뿌리를 내려
꽃을 피우듯

사람 역시 좋은 사람을 만나
인연의 소중함을 알고
보듬어 가꾸어 갈 때

긍정적인 마음에
사랑이 가득 넘쳐나
꽃피는 행복은 절로절로.

사랑은 아름다운 것

그렇게 많고 많은
사람들 틈에서
그대는 여자
나는 남자로 만나

꽃보다 아름답게
둘은 하나
마음도 하나
우리는 그렇게 사랑했었지

때로는 별것도 아닌 것을 가지고
전쟁을 치르기도 하면서
사랑을 확인하고
다져 왔었지

너 없이 안된다면서
함께라서 좋은 것은
사랑이 가져다주는
아름다운 마음이었다,

제5부
미안해

미안해

내가
너에게
항상 미안한 것은

사랑을 하면서도
더 잘 해 주지 못한 것이
날 한없이 슬프게 한다

속만 태운 것 같아 마음 아프고
잘 해 주지 못해 마음 아파

네 마음 헤아리지 못하고
바보처럼 사랑만 하면
되는 줄 알았어

생각만 하면 미안한 마음이
한없이 슬프게 하는구나

사랑해서 미안하고
잘 해 주지 못해
미 안 해.

괜찮은 세상

봄에는 꽃피고
여름에는 산으로 바다로
가을은 더 높은 푸른 하늘

겨울에는
동심으로 돌아가는
하얀 눈이 있어 좋은 계절

넉넉한 마음에 긍정적인 생각
봄이 가는 줄도 모르고
가을이 오는 줄도 모르고 산
우리들이 아닌가

근심 걱정 내려놓고
마음 비우고 살다 보면
괜찮은 세상 행복은 절로 절로.

쓸쓸한 계절

귀뚜라미 바이올린의
긴 흐느낌이 가슴속에 스며들어
마음 설레는 쓸쓸한 계절

바람 차고
하늘 높은데
슬픈 영혼 피곤만 합니다

병든 몸 이끌고
소와 씨름하는 모습이 한스러워
쇄주 한 잔에 마음 달래어 보니

녹슨 마음
더욱 더
슬프기만 한 것

그래도 피곤에 지쳐
눈을 감으면 보이는 그대 모습이 있어
이렇게 글을 쓰고 시를 짓습니다.

허기 진 마음

원해서 얻는
사랑과 지식은
값지고 좋은 것이다

나쁜 생각은 하지도 않으면서
날마다 잊는 만큼
구름 위의 바람을 채우고자
가슴을 열어둔다

석 자도 못 되는 가슴
마음 문 활짝 열고 보면
하늘을 담고도 남는 여유

허기진 마음에
좋은 것만 채우려고
하루 종일 헤매고도

이렇게
밤늦게는
책장을 넘긴다

가을

울렁이는 마음
갈대처럼 휘청일 때면
사랑하는 사람
그리운 사람을 만나고 싶다

나를 감싸 주는 이를 만나
울적한 마음 위로 받고 싶을 때는
소리쳐 울어야 하나
신음으로 소리 죽여
참아야 하나

허무의 절규가
지체 없이 몰려 올 때면
바람 따라 구름 같이
어디론가 훌쩍
떠나고 싶은 계절

가을에는 외롭다 하지 말고
배낭이라도 하나 매고 훌쩍 떠나요
사랑이 아니면 계절의 체취라도
맘껏 누리며 아름다운 사연
추억을 담아 오소서.

가을의 풍취

더 높은 가을도 잠시
나뭇잎 떨어지고
바람 차면

너와 나의 마음은
추위에 떨며
쓸쓸해 하겠지

어디서 우는지
귀뚜라미 교향곡
요란하고

찬바람에 물든 가을 잎
봄에 보던 꽃보다
더 붉고 곱다.

단풍

오--메 단풍
너무 아름답고 이쁜 것
꽃 피고 열매 맺은 것이
엊그제 같은데

어느새 단풍
봄 여름 청춘도 한때
밤이슬 서리 되면
아쉬움을 뒤로한 채
떨어지고 말 꽃잎.

풍경

잠든 농장에
밤하늘의 별을 바라보며
그대 생각에 빠져 본다

때 묻지 않은 모습에
맑은 영혼까지 깨끗한 글 솜씨에
따뜻한 사랑을 느꼈었지

살 만치 살아오면서
당신처럼 영혼이 맑은 사람
아름다운 사람은 보지를 못했다

텅 빈 가슴에
깨어 있는 말씀 감동의 글에
가슴속 마음은 구름 위를 거닌다.

내일을 위해

인생살이 어렵고 힘들지라도
부끄러운 일은 하지도 않으면서
최선을 다하면서 살자

낮에는 열심히 일해 놓고도
밤에는 나가
나를 위해

영혼의 뿌리까지
촉촉이 적셔 놓고
잠들며 살자.

인생은 즐겁게

사는 삶이 윤택하기를 빌며
언제나 늘 최선을 다하는
마음으로

햇살처럼 맑은 사람
머문 흔적까지 깨끗한
향기로운 사람이고 싶다

인생을 즐겨야 할 시간은
언제나 지금
이 순간

행복을 즐기고 싶은 마음은
그 마음 그 안에 있음을
잊지 않아야 한다

별이 빛나는 밤에

별이 빛나는 밤에는
밤이슬 내리는 슬픈
그리움 때문에 몸살을 한다

그리움은
오색 무지개 색깔
네 눈빛 푸른 별이 반짝반짝

이 밤
너를 위해 나를 위해
뜬 눈으로 밤새워 기도한다

보고 싶은 당신이란 사람
생각하는 그 마음 그 자체가
이쁘고 귀엽지 않니

별이 빛나는 밤에는
그립다
당신

가을에는

귀뚜라미 울어 울어
슬프고 허전할 때는
편지를 쓸게요

귀뚜라미 울어 울어
생각나는 사람이 그대일 때는
편지를 쓸게요

사랑한다고
좋아한다고
기인 편지를 쓸게요

명품 명시가 아니면 어떠리
귀두라미 소향곡에
마음 비우고 보니
떠오르는 시심 시어

잠 못 이루고
연인들에게 보내는
진솔한 이야기입니다.

인생 여정

삶은 그리움 때문에
마음 문 열어 놓고
세상을 본다

어둠 속에 빛
아픔 속에서 기쁨을
얻을 수 있다면

처신은 겸손하게
이상은 더 높게
하늘을 담으리라

내 삶 절정의 날은
언제나
오늘

앞서지도 뒤쳐지는 일도 없이
하루하루 최선을 다하며
꿈을 펼쳐 가리라.

내 인생 가을에 쓰는 편지

세상은 무한한 것
미물처럼 작은 개미 같이 살아도

하늘 우러러 한 점 부끄럼 없이
세상을 향해 당당하게 걸어 왔지 않은가

마음 비우고 뒤돌아보면
작아도 부족한 것 채워 가며
이루어 온 삶이 얼마나 멋진가

욕망 욕심 내려놓고
마음 비우고 보면 보이는 행복

앞서지도 않으리라
그렇다고 포기하는 일도 없이
적당히 가만가만히 걸으면서

나의 몫 행복 마음껏 찾아 누리면서
내 인생 가을만은 풍요롭게
즐기면서 살리라.

살면서

사랑하는 것이 인생이고
사랑받고 싶은 것이
인생일진데

그대라는 사람은 지금
무슨 생각을 하십니까

사랑은 마법과 같아서
어느 날 갑자기
사라질지라도

그대라는 사람
함께하고 싶습니다

사랑은
바라보고 있다고
행복한 게 아니라

작아도 누리며 느끼는 게
사랑이고 행복입니다.

여름

찜통 열기가
그렇게 못 살게 굴어도
굴하지 않고 이겨낸
우리들이 아닌가

하루하루가 지옥이었지만
지나고 보니 모두가
아쉬운 그리움

가슴 타는 열기 바람에 날리고
폭우 빗속에 씻어 내고 보니
어느새 정이 들어

아름다운 사연
추억 하나 없어도
잊을 수 없는 내 생애
최고의 뜨거운 여름이었다.

옛날이여

찜통더위가
그렇게 힘들게 해도

비 온다는 소식에
그렇게 좋아했는데

폭우 물벼락이
왠 말인가

물질 만능의 시대
넘쳐나서 걱정이다

모자라도 자연을 거스르지 않고
하늘 우러러 한 점 부끄럼 없이 살던
그 옛날 그때가 그립다.

손에 손

손에 손
잡아서 좋다

남과 북
문 통이 정은이와 손 잡고
흔들어서 좋다

속마음 털어 놓고
이해를 따져 가며 머리를 맞대고
고민하는 모습이 아름답다

남 북 통일되어
두 손 꼬옥 잡고
행복했음 좋겠다.

더 열심히 살자

꽃이 피는가 했는데
어느새 가을 곧 지고 없겠지

감미로운 봄날
당신을 아름다운 꽃이라 여기고
사랑하고 좋아했는데

세상이 힘들게 해도 당신이란 사람이 있어
그래도 참을 수 있었고 행복했는데

언제나 늘 이렇게 살면 얼마나 좋을까
일장춘몽 꽃이 피고 지는 건
한바탕 꿈이었나 봐

세월 따라 너도 가고 나도 가는가 봐
너와 나의 머리에 흰 서리가 내렸네
우리 사랑 우리들의 행복
언제까지일까

얼마나 남았는지 모르지만
마지막 그 길 다할 때까지
우리 더 많이 사랑하고 더 열심히 살자.

가을 풍경

바람은 차고 하늘은 높을 때
고즈넉한 산사 처마 끝에
흔들리는 음악 소리

지나가는 바람 스치어도
참지 못하고 댕그랑
댕그랑

나무아미타불 염불 소리에
귀뚜라미 더욱 더
슬프게 운다

하늘 높고 푸른데
때 묻은 인생은
또 얼마나 슬플까

생각하면 슬퍼도
지금의 이 순간이
내일의 꿈이고 희망인 것

여유가 주는 행복

살기 바빠 하루 종일 허덕이며
종종거리다가 갖는 여유

슬픈 일이지만 할 것 다 하고
저녁 맛나게 먹고 잠들기 전의
갖게 되는 여유가 있어 좋다

여유 이것이라도 있어
살맛 나는 세상이고
행복한 순간이다

때 묻은 몸 깨끗이 씻고
가족들과 둘러앉아 먹는 식사
사랑이라면 사랑이고 행복이라면 행복이다

피곤한 팔 다리 주물러 주며 보는
Tv 연속극은 또 얼마나
사람 애간장을 태우는가

그래 그냥 이렇게 사는 것도
인생이고 삶인 것을

제6부
인생은 즐겁게

인생은 즐겁게

살면서 걸리는 것 하나 없이
티 없이 맑고 아름답게
살고자 한다면

욕망 욕심 번뇌를
내려놓고 보면
보이는 자유

하루를 살아도
소중한 사람으로
인생 즐겁게 살다 가자

하루하루의 행복
하루하루의 보람이
삶의 기쁨 즐거움이 아니겠는가.

너무나 더운 여름

살기 바빠 허덕이며
정신없이 하루를
종종거리며 사는데

올 여름 따라
미치도록 못 살게 구는
찜통 열대야 때문에 피곤하다

시리도록 시원한
에어콘 선풍기를 찾아다니는
신세가 왠 말인가

바람 불고 비 오면
귀찮아 외면한 것이
부끄러운 요즘

거부할 수 없는 순리
그냥 그렇게 사는 게
인생이고 삶이란 말인가

사는 삶은

사는 삶은
행복을 좇아
앞으로 나아가는 것

사는 삶은
사랑하는 사람과 함께
아름다운 꿈을 열어 가는 것

사는 삶은
서로의 가슴에
잔잔한 파문을 만들어 가는 것

사는 삶은
오늘 보다 내일을 위해
노력하고 준비하는 것.

아버님 어머님

흔들리는 세상
요동치는 자연에
불안만 가득합니다

아무 걱정 없이
주어진 몫 다 하면서
열심히 살고 싶은데

흔들리는 온난화 속에서
삼한사온이 없어지고
지구가 자꾸 뜨거워져 어쩌지요

미세먼지가 극성을 부리더니
폭염 열대야에
잠을 이룰 수가 없네요

아버님 어머님
찬물 한 바가지 덮어쓰고
시원해 하던 그때가 그립습니다

날마다 즐겁게

망령된 생각 버리니
때 묻지 않은 꽃
수련처럼 아름답다

지혜의 눈으로
세상을 살펴보니
곳곳이 부처님 모습 웃는 용안

깨닫고 보니
온 세상 훈풍의 향기
살고 싶은 세상이 아니던가

이 좋은 세상
지혜롭게 아름답게 요리하며
폼나게 행복하게 사소서

삶의 질은 관계 속에

한세상 살아가며
많은 관계 속에서
어떠한 생각으로
어떻게 처신하며 살아야 할가요

오물 속에 있으면
냄새나는 더러움으로
찌들어 갈 테지만

좋은 사람 부처님과 함께 있으면
맑은 정신 깨끗한 마음으로
관계의 행위가 그 사람의 질로 나타날 터

어느 순간이든
그 순간을 최고의 순산으로
좋은 것만 찾아 행할 때
사는 삶 인생은 행복으로 아름다워 지리라.

연꽃처럼

아름답게 피어 솟아오르는
흙탕물 속에서도
흉허물 하나 없이
맑은 사람이고 싶다

가진 것 없이
힘들다 하여
포기하는 일 없이

온갖 시련 속에서도
아름답게 솟아오르는
연꽃같이

오염 흙탕물 속에서도
때 묻지 않은 맑은 사람
괜찮은 사람이고 싶다.

오늘

이런 아침만 되면
까치가 짖고 가는 것은
오늘도 건강하게
행복하라겠지

사는 삶이 늘 그랬듯이
여물어 간다고
위로하며 살지만

봄 뙤약볕이 그립고
찜통더위를 못 잊는 건
어찌할꼬.

임에게

사랑은 처음처럼
언제나 변함없이
그 마음 그대로이었음 좋겠다

가슴 뛰는 마음
만나고 보면
보아서 좋고

없으면 없는 대로 생각하며
그리워할 수 있어
좋지 않은가

생각만 하면
가슴 뛰는 그리움
이게 널 향한 내 마음

임아 너도 나와 같은
동감이었으면
좋겠다.

삶의 노래

기다림에 지친
쓰라린 그리움에는
빈 가슴 열어 놓고
나누는 사랑을 배워 가자

아픔 속에 기쁨을
절망 속에서 빛을
찾을 수 있도록
우리는 행복을 노래하자

믿음 속에
진실
사랑을
노래하자

인생을 노래하자

사랑의 시

밤이 깊어 가면
잠 못 이루는 마음은
그리운 임 생각할 때

때 안 묻은 네 모습
아름다운 내 모습
너무나 그립다

사랑은
생각만으로도
아름다운 것

밤이 깊으면
견딜 수 없는 보고픔에
잠을 이루지 못하게 해도

생각나는 그리움은
모두가 다 아름다운
그림이고 시가 되는 밤.

자네를 만나면서 부터

생각만 하면
혼자이라도 둘인 것 같이
가슴이 뛴다

날개가 없는데도
높은 하늘의 별도 따다
네게 주고 싶다

자네를 만나면서부터 허기진 마음
가진 것 다 가진 것 같이
배가 부르다

착한 마음
착한 생각으로
내 모든 것 자네를 위해 있는 것

없어도 향기롭게
꽃과 나비처럼
우리 그렇게 살아가자.

고독 너 때문에 행복해

고독이 찾아들어
친구 하자
속삭일 때는

난
펜을 잡아
글을 쓴다

잘된 시
잘된 글 하나에
행복으로 알면서

펜을 잡은 이유

어느 하루
어느 한 순간이라도
보고프지 않은 날이 있을까

그리워도
보고 싶어도 말 못 하고
삼키고 마는 마음들

몹시도 보고 싶고
그리운 시간에는
그대 있는 먼 하늘만 바라 봐요

너라는 사람
그대는 짐작이라도
못 하고 있겠지

생각만 해도 그리워
이렇게 그리움을 붙들고
펜을 잡는 것을

사랑은 먼 곳에

사랑하는 사람
그리운 사람아
함께가 아니라서
더 멀게 느껴지는 사람아

고독이 얼마나
외롭게 하는지를
그대는 느껴보았는가

혼자라서
숨 죽여 사는 까닭을
그대는 생각이나 해 보았는가

안 되는 줄 알면서도
포기를 모르는 이 마음
어쩌란 말인가

스쳐 갈 바람이라면
흔적 없이 사라지는
저녁노을 뒤의 그늘이었으면
좋겠다

별이 빛나는 밤에

별이 빛나는 밤에는
그리움 하나하나
세다가 잠이 들겠지

이런 저런
생각이 뜨거울 때는
가슴까지 두근두근

추워도
이불 속의 온기가
달콤한 밤

겨울이 가기도 전에
봄을 기다리는 마음은
따스한 햇볕 때문일 게다

꽃향기에 묻혀
꽃을 따고 싶은
남정네의 그리움일 게다.

둘만의 일

사랑은
그 깊이만큼
정성이 있어야 하는 것

사랑은 둘만의 일
헤어지고 나면 없었던 것으로
돌아가고 없겠지만

남이 보기에는 그렇다 해도
둘만의 좁은 속은
그렇지 않은 일

겉만 보면 없었던 것 같아도
속으로는 끓어 오르는 용암처럼
곧 폭발할 것 같은 일

없었던 일로 하고
먼 산만 쳐다보기에는
너무나 가슴 아픈 일

눈이 내리는 날에는

눈이 내리는 날에는
보고 싶은 사람
그리운 사람을 불러내어
함께 거닐고 싶다

눈이 내리는 날에는
텅 빈 가슴
외로운 가슴에
눈이라도 가득 채우고 싶다

눈이 내리는 날에는
술이나 한잔 하면서
마음 맞는 이와 밤새도록
많은 이야기를 하고 싶다

두 손 꼬옥 잡고
눈 위를 걸어가면서
아름다운 사연
멋진 추억이라도 만들고 싶다

눈이 내리는 날에는.

꽃 중의 꽃

많고 많은 꽃들이
시들기 마련이지만
유독 너 한 사람만은

어느 하늘밑에
무얼 하는지 몰라도
아직 내 가슴에 있다

세월이
널 주름지게
시들게 했는지 몰라도

나에겐 넌
아름다운 꽃 영원한 꽃으로
꽃 중의 꽃이란다.

해설

이석락
시인, 수필가, 문예대학 부학장

사랑은
소리 소문도 없이
살며시 찾아오기도 하지만

때로는 소나기처럼 갑자기
봄 햇살처럼 살며시 오기도 하는 것이
사랑이다

그래서
사랑은 반가운 손님이면서
언제 떠날지 모르는 바람인지도

울게도 웃게도 하는 사랑 때문에
인생은 살 만한 것이고
살고 싶은 것인지도 모른다

―「사랑은」 전문

늘 가까이 있는 물이나 공기의 소중함을 모르다가 잠깐이라도 없어지면 그 고마움을 느낀다. 사랑 때문에 웃기만 했다면 사랑의 가치를 제대로 몰랐을 것이다. 불행이 있어야 행복의 가치를 알고 행복의 가치를 알고 나면 작은 행복에도 고마

워하게 된다. 정한라 시인은 '천지삐까리다'에서 친지의 병문안 뒤 화장실에 갈 때마다 그 친지의 배변 주머니가 생각나서 배변 주머니를 차지 않은 자기는 '입으로도 항문으로도/억지로라도 감사할 일이' 온 하늘과 땅에 가득하다고 했다. (정한라의 디카 시집 '새벽을 사랑한다면'. 2019년 '도서출판 시와실천')

사랑 때문에 울었던 사람이 사랑을 더 소중하게 다스릴 것이니, 울게 하는 사랑이 있어서 오히려 인생을 더 진지하게 지혜롭게 살게 할 것이라는 주장을 비치고 있다.

이름도 없이
홀로 피어 뙤약볕이나 음지에서
이슬 먹고 피었다 지는 꽃

밤이슬 받아먹고
뙤약볕에 자라는
이름 없는 들꽃

있는 그대로 꽃피워
흔들리는 바람 편에
띄우는 향기

관심 가지고
보아 주지 않아도 좋다
그만의 내공 까만 씨앗 하나
품어 남기려 함이 얼마나 아름다운가.

-「흔들리는 꽃」 전문

남에게 칭찬받거나 부러움을 사지도 못하고 천하게 여기는 들풀처럼 냉대를 받아도 거기에 위축되지 않고 꿋꿋이 자기 몫을 하는 사람이 제대로 된 인생을 꾸리는 사람이다. 슬프거나 고달파도 비관하거나 반항하지 않고 올바른 길을 묵묵히 걷는 사는 사람이 신의 뜻을 받드는 사람이다. 산천초목이 자기 자리에서 살길을 찾지만, 다가오는 해일도 지진도 피하지 않고 하늘의 뜻으로 받아드리듯이, 불행을 사회 일반의 탓으로 돌려 사회 전반에 무차별적 화풀이를 하려고 하지 않고, 설사 알아도 사회 안녕을 위하여 착한 본성을 지키는 삶이 시인이 꿈꾸는 삶이다.

세상은 무한한 것
미물처럼 작은
개미 같이 살아도

하늘 우러러 한 점 부끄럼 없이
세상을 향해 당당하게
걸어 왔지 않은가

마음 비우고 뒤돌아보면
작아도 부족한 것 채워 가며
이루어 온 삶이 얼마나 멋진가

앞만 보고 뛰어온 삶
살만치 살아 보니
이것이 아닌데 하고 생각이 든다

남들보다 한 발

앞서고 싶은 욕심 때문에
언제나 긴장 속에 살아온 삶

욕망 욕심 내려놓고
마음 비우고 보면
보이는 행복

앞서지도 않으리라
그렇다고 포기하는 일도 없이
적당히 가만가만히 걸으면서

나의 몫 행복
마음껏 찾아 누리면서
내 인생 가을만은 풍요롭게
즐기면서 살리라.

－「내 인생 가을에 쓰는 편지」 전문

살 만큼 살아본 세련된 인생관이 보인다. 지나친 욕심을 가졌던 젊은 시절은 다 부질 없는 삶이었고, 발버둥치고 이룩했던 일이 허망한 욕심의 발로였으니, 돌이켜보면 받은 그대로 당시의 상태만으로 만족하게 생각했으면 더 인자한 이웃이 되었고 자신 역시 자유스러웠지 않았을까! 남보다 앞서는 것만으로는 불행에서 풀려나는 것은 아니다. 욕심을 자제했을 때 불행에서 풀려나는 일이다. 사람을 앞서고 나면 다음은 신을 앞서려고 끝없는 도전장을 들고 괴로웠을 것이다. 지금 이룬 것과 지금 가진 것에 만족함을 느끼고 지나친 욕심을 제어하는 일은 쉬운 일이 아니다. 그러나 그것이 삶을 평안하게 하는 것이다.

정경삼 시인은 그가 살아온 부피만큼 행복의 출처도 알 뿐 아니라, 스스로 현실에 만족하여 이웃을 돌보는 삶을 권장한다. 나이가 든다고 저절로 깨닫고 자비로운 인품이 나오는 것이 아니다, 올곧은 인품은 올곧은 시심에서 나온다.

문영길
시인, 시조시인 편집장

정경삼 시인이 이번에 보내 온 작품을 읽으면서 낯설지가 않은 것은 『우맨 이야기』란 시집을 통해 일찍이 자연 속에 붙박이를 하고 있는 그의 삶을 마주한 적이 있기 때문일 것이다.

그의 시 대부분은 정직한 헌신과 확고한 믿음을 바탕으로 하고 있는데 이는 시골생활 속에서 자연스레 체득한 경험의 결과물이라 본다.

투박하게 내려놓는 시어詩語들은 꾸밈이 없는 순박한 촌부의 어투를 그대로 담아내고 있다.

그러면서도 그가 꿈꾸는 사랑과 그리움에 대한 아득한 바람은 애써 고상함으로 꾸며지거나 현란하게 수식되어지는 것을 거부하여 솔직담백하다.

'우맨'이라 자처하는 정경삼 시인의 필명에는 목가적牧歌的인 동경으로 범하기 쉬운 막연한 환상이 아니라 소(牛)를 키우며 직접 체득하는 농촌의 실생활과 주변의 자연과 어우러지며 마주치는 다양한 느낌들이 녹아 있다고 본다.

그의 시편을 살펴보면 사랑과 행복, 정직하고 성실하게 땀 흘리는 인생에 대한 다짐이 적잖게 발견되는데 이것은 우직하게 자신의 문학과 생활을 결부하려는 노력이리라.

스스로 시의 제목에서 밝혔듯이 괜찮은 사람이고 싶은 소박한 바람을 읽어보자.

> 탐욕 때문에 만족을 모르고
> 가난하게 살아가는 것은
> 깨달음이 부족하기 때문일 터
>
> 마음 비우고
> 내려놓으면
> 보이는 행복
>
> 있는 그대로를 아끼고
> 사랑할 줄 아는 사람
> 괜찮은 사람으로 사르소서.
>
> –「괜찮은 사람」 전문

누구나 인지하고 있는 사실이지만 이렇게 되뇌며 욕심으로부터 자유로운 괜찮은 사람이기를 아주 간결한 시로 표현하여 시가 갖는 치유와 소통의 역할을 자신으로부터 드러내고 있다.

애매모호한 의미를 늘어놓으며 지적 우월함을 늘어놓는 시들은 대부분 작가의 허영인 경우가 많아 어려운 시가 좋은 시라는 학습된 편견에 매몰되기 쉬운데 정경삼 시인의 작품은 꾸밈이 없는 사실 그대로를 이야기하고 있어 이해함에 부담이 없고 마냥 친근하여 보편적인 서술만 경계한다면 많은 공감을 이끌어 내는 시가 되리라 생각하며 그 중 한편을 옮겨본다.

공허한 내 마음의 빈자리를
메워줄 수 있는 이가 있다는 것은
참으로 행복한 일

어렵고 힘들어 외로울 때
위로가 될 수 있는 이가 있다는 것은
또 얼마나 힘이 돼
좋을까

정신없이 앞만 보고
뛰어온 인생길에
꽃보다 고운 그대를
만날 줄을 내 어찌 알겠나

아름다운 그대에게
내 마음 모두 담아
그대에게 주고 싶다

내 남은 인생길에
기쁨과 행복이 있는 곳에는
언제나
그대가 있었으면 좋겠다.

–「빈자리」 전문

일상적인 언어로 조곤조곤 풀어내는 상대에 대한 바람이 억지 없이 진솔하게 다가와 읽힌다.

사랑에 대한 감사와 관계 속에서 이루고자 하는 행복은 그가 다른 시에서 "그리움은 그대 곁에서 마음 문 열리기를 기다리는 것"이라고 밝혔듯이 소유가 아닌 존재의 소중함과 존중을 내포하고 있어 고개를 끄덕이는 공감을 이끌어 낸다.

모리스 블랑쇼는 "...시인이나 예술가는 종종 자기 작품의 폐쇄된 공간에서 소심하게 웅크리고서 그 안에서 군주처럼 이야기하며 자신이 맛본 패배에 복수를 꾀하는 나약한 존재 같은 인상을 준다."라고 했지만 내가 읽어본 정경삼 시인의 시편들은 열려있는 생활 속에서 손때 묻은 언어들로 채워져 있다. 물론 시의 완성도를 위한 은유나 낯설게 표현하기 등 이러저런 조건을 요구할 수도 있겠으나 그러기엔 그가 추구해 온 시 세계가 난해함 또한 욕심으로 분류하고 있기에 여백으로 남겨두겠다.

벌써 열권의 시집을 상재하는 문학적 열망을 삶에 녹여낸다는 것은 시인으로서 닮고 싶은 부분이다. 길가의 꽃들이 허투루 피지 않았음을 발견하고 소의 울음에서 감정의 전이를 느끼는 작가적 역량에서 정경삼 시인의 내공을 느낄 수 있다.

그의 삶에 대한 밀도 있는 기록이 각박한 현실에 쫓겨 지친 평범한 우리에게 위로가 되어주길 진심으로 바란다.

최경식
시, 시조 시인, 수필가협회장

바쁜 삶으로 하루를 허덕이는 과정에서 정경삼 시인께서는 틈틈이 적은 글을 모아 매년 발표하는 열정으로 열 번째 시집을 만드는 것은 아무나 할 수 없는 생활 속에서 문학의 길을 추구하는 작가만의 대단한 집념이라 아닐 수 없다.

하루도 소홀히 할 수 없는 낙농업자로 내 자식처럼 키우는 소에 대한 극진한 보살핌과 시골생활의 분주함을 잠시 접어두는 시간에 시 한편 적는 것으로 일과를 마무리하는 삶의 보람은 내일을 위한 충전의 시간일 것이다.

자연을 허투루 보지 않고 순간의 느낌을 시로 옮겨 적는 작업은 정경삼 시인을 이만큼 문학적으로 키우는 바탕이 되었으니 상상이 아닌 몸을 부대끼며 일깨운 생생한 기록이기에 더욱 더 읽는 이의 마음에 와 닿는다.

열심히 일을 하면서 틈틈이 쓴 글들이 시인으로 여백의 공간에 형상화 시킨 자아를 투영시키고 있다. 시를 읽어보노라면 우맨으로 우직하게 살아오며 체득한 서정의 감성들로 채워져 있음을 느끼게 된다.

살기 바빠
하루 종일 허덕이며
종종 거리다가 갖는 여유

슬픈 일이지만 할 것 다 하고
저녁 맛나게 먹고 잠들기 전의
갖게 되는 여유가 있어 좋다

여유 이것 이래도 있어
살맛나는 세상이고
행복한 순간이다

때 묻은 몸 깨끗이 씻고
가족들과 둘러 앉아 먹는 식사
사랑이라면 사랑이고 행복이라면 행복이다

피곤한 팔 다리 주물러 주며 보는
Tv 연속극은 또 얼마나
사람 애 간장을 태우는가

그래
그냥 이렇게 사는 것도
인생이고 삶인 것을

-「여유가 주는 행복」 전문

하루 종일 바쁘게 허덕이면서 하루를 마무리하고 소박한 식사와 가족의 단란함 속에서 발견하는 행복과 여유를 소중하게 여기는 마음은 자연인으로 살아가는 재미를 글로써 표출하고 있다. 그가「여유가 주는 행복」에서 밝혔듯이 모든 것은 마음에서 발현되고 행복을 노래하면 행복은 늘 옆에 있다고 하는 자기암시는 긍정적 인생관을 형성하게 하는 비결이 된다는 걸 일깨우고 있다.

흔들리는 세상
요동치는 자연에
불안만 가득 합니다

아무 걱정 없이
주어진 몫 다하면서
열심히 살고 싶은데

흔들리는 온난화 속에서
삼한 사온이 없어지고
지구가 자꾸 뜨거워져 어쩌지요

미세먼지가 극성을 부리더니
폭염 열 대아에
잠을 이룰 수가 없네요

아버님 어머님
찬물 한 바가지 덮어 쉬고
시원해 하던 그때가 그립습니다

–「아버님 어머님」 전문

어릴 때는 그저 부모님을 의지하며 살다가 성인이 되어 모든 일을 스스로 헤쳐 나가다가 가끔 부모님의 정이 불현듯 그리워지는 것은 추억 속에 묻어둔 아스라한 아름다움 때문이다.

요즘의 극심한 기후변화로 인한 온난화현상을 더욱 실질적으로 느껴지는 것은 자연에 기대어 사는 사람들에겐 생활의 일부가 아닌 전부가 되기 때문일 것이다.

찬물 한 바가지로 더위를 씻어내던 어린 시절, 어머니와의 추억은 시인에게는 그리움의 대상이 되고 자꾸만 오염되어가는 환경에 대한 안타까움은 환경보존에 대한 경각심을 일깨운다.

나 또한 어릴 적 걱정 없이 마냥 땅강아지처럼 뒹굴던 유년의 기억을 소환하여 시인의 그리움에 덧대어 보며 잠시 소회에 젖어 본다.

망령된 생각 버리니
때 묻지 않은 꽃
수련처럼 아름답다

지혜의 눈으로
세상을 살펴보니
곳곳이 부처님 모습 웃는 용안

깨닫고 보니
온 세상 훈풍의 향기
살고 싶은 세상이 아니던가

이 좋은 세상
지혜롭게 아름답게 요리하며
폼 나게 행복하게 사르소서

－「날마다 즐겁게」 전문

삶을 살아가면 웃지 못 할 일도 있고 아픔도 생기는 것은 오롯이 살아있다는 증거다.

연꽃처럼 어떤 환경에서도 꿋꿋이 살아가며 향기를 품어 아름다움을 발현하는 수련의 자태에서 부처님의 마음을 보는 것은 깨우침으로 나를 정화하는 시인의 시각에서 비롯된다.

깨달음을 얻는다는 것은 사랑의 마음으로 관찰하고 주변의 모든 대상에 이입되는 폭넓은 이해가 있어야 가능한 것이기에 자연과 대화하며 사랑을 느끼는 자아의 실현으로 행복을 찾아가는 참된 삶의 길을 기록하고 보여주는 훌륭한 작가로써 성장하기를 바란다.

정경삼 제10시집
옛날이여

인쇄일: 2019년 12월 1일
발행일: 2019년 12월 5일

지은이: 정경삼
펴낸이: 최경식
펴낸곳: 도서출판 청옥문학사
인쇄처: 세종문화사

등록번호 제10-11-05호
E-mail: sik620@hanmail.net
전화: 051-517-6068

값 10,000원

ISBN 978-89-97805-91-4 03810

이 도서의 국립중앙도서관 출판예정도서목록(cip)은 서지정보유통지원시스템 홈페이지(http://seoji.nl.go.kr)와 국가자료공동목록시스템(http://www.nl.go.kr/kolisnet)에서 이용하실 수 있습니다.(cip2019047892)